Eugène Royer

Le Faouët

Photographies Hervé Champollion

ouest
france

38, rue du Pré-Botté
35100 – Rennes

Un pays, c'est comme une personne. Il ne se livre qu'au creux d'une certaine alliance. Il ne révèle pas d'emblée son mystère.

Encore moins si ce pays, longtemps tenu à l'écart des grands axes, a connu des siècles de recueillement. Tout exhibitionnisme le choque.

Encore moins si ce pays est façonné de plis et de replis, de vallées profondes où seul le silence peut entendre le silence.

Ainsi en est-il du pays du Faouët, pays du hêtre comme le dit son nom. Il faudrait le parcourir à pied, prendre son pouls, écouter la danse de l'Ellé sur les rochers, prendre langue avec le peuple des pins, châtaigniers, saules, chênes, peupliers, frênes... à l'heure des conversations sauvages transmises de l'un à l'autre par le vent complice, contempler les jeux du soleil entre les branches, entendre les cadences de la pluie glissant des feuilles vives sur les feuilles mortes, arpenter les landes de bruyère ou d'ajoncs hérissées parfois de fantômes d'arbres morts, guetter la renaissance des asphodèles..., être sensible à la moindre confidence de ce pays secret.

Prélude indispensable pour saisir l'accord qui existe entre cette terre et les monuments qui l'habitent. Nées sur ce sol, construites avec la pierre qui le compose et le bois qui s'y enracine, maisons de jadis, halles et surtout chapelles ne sont pas d'abord des ornements, elles font corps avec le paysage.

Saint-Sébastien, plantée tel un guetteur sur la colline, Saint-Jean, logée sous une voûte de frêne près d'un vieux village, Sainte-Barbe, accrochée au flanc de la falaise, Saint-Fiacre, installée dans la douceur d'un vallon..., toutes ces chapelles, à leur manière, expriment l'âme d'un peuple et de son pays. Comme, sur un autre registre, les halles somptueuses, les lucarnes de granit, la tour insolite de l'église... révèlent l'activité de ce qui fut jadis la Seigneurie du Faouët.

Saint-Fiacre : façade. La façade de la chapelle dédiée à saint Fiacre est un ensemble où se conjuguent la dissymétrie et l'harmonie. Avec Kernascléden, elle a fait école et a servi de modèle à de nombreuses façades et clochers-murs d'églises ou de chapelles bretonnes.

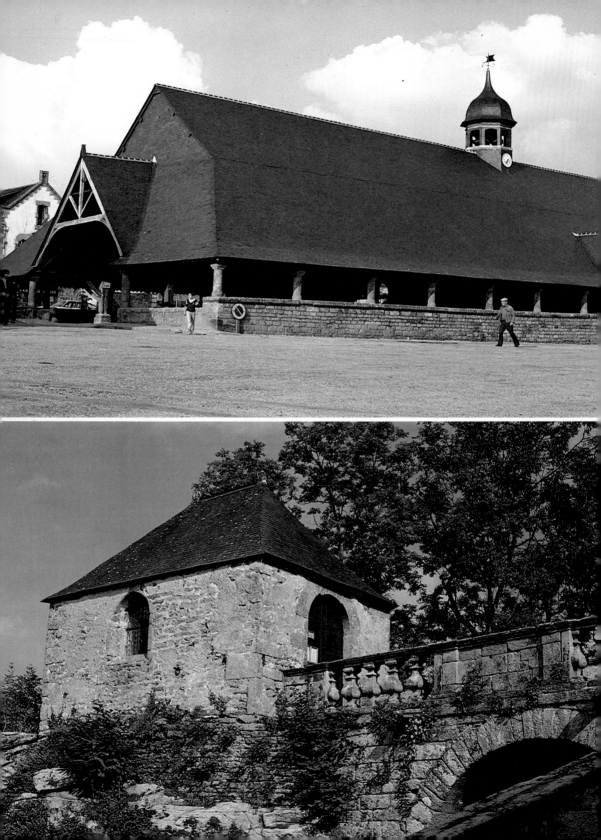

Sur un éperon

Le Faouët, « le bois de hêtres » : sans doute cette espèce était-elle jadis plus importante ou un massif occupait-il l'emplacement de l'actuelle ville pour justifier cette appellation ? Certains habitants ont gardé l'habitude, le premier mai, de fixer sur leur porte une petite branche de hêtre porte-bonheur.

Des formations végétales peuplent aujourd'hui ce plateau dont les altitudes s'abaissent progressivement des montagnes noires vers la Cornouaille côtière et que les rivières surimposées (Ellé, Inam...) ont vigoureusement entaillé.

Le site du Faouët, sorte d'éperon qui s'avance vers les vallées de l'Ellé et de l'Inam (ou Stêr Laër), fut jadis fortifié. Il ne reste plus trace de ce château fort, tombé en 1343, pendant la guerre de succession qui opposa Charles de Blois et Jean de Montfort, soutenu par les troupes d'Edouard III d'Angleterre qui attaquèrent et occupèrent Le Faouët. Le château disparu était moins puissant que ses proches voisins de Barrégan ou de la Roche-Piriou.

A partir du site primitif, la ville se développa vers l'ouest, autour de la place du marché. Son extension récente s'est poursuivie sur le plateau dans la même direction.

Favorable à l'édification de forteresses, le site par contre écarte du Faouët les grands axes de circulation, depuis les anciennes voies romaines qui reliaient Carhaix (Vorgium) à Quimperlé jusqu'aux voies ferrées du XIXe siècle. Il a fallu le récent développement du réseau routier pour faciliter l'accès au pays du Faouët.

Les chances historiques

Si la géographie semble avoir été avare de ses dons à l'égard du Faouët, l'histoire, par contre, lui a été favorable. Un événement propice a été sans conteste l'implantation des Boutteville au XIIIe siècle.

Certes, Le Faouët existait bien avant.

Peu de traces subsistent des périodes pré-romaine et romaine. L'influence monastique se manifeste dès le Moyen-âge.

Comme en beaucoup d'autres régions, les invasions normandes de la fin du IXe siècle, en l'absence d'un pouvoir central, suscitèrent le pouvoir féodal, seule

Photo du haut :

Halles (extérieur). Longues de 53 m, larges de 19 m, couvertes d'un large toit reposant sur de courtes mais robustes colonnes de granit, les halles du Faouët se dressent sur la place du Marché telles un véritable palais du commerce. (Photo Jean-Paul Benoit)

Photo du bas :

Chapelle Saint-Michel. La chapelle Saint-Michel est un petit édifice quadrangulaire construit sur un piton rocheux. On y accède par un pont lancé, depuis les escaliers, sur un arc plein cintre de belle allure. (Photo Jean-Paul Benoit)

défense contre l'envahisseur. Au XIe siècle, relevant du comté de Cornouaille, existait la vicomté de Gourin d'où est issue sans doute la seigneurie du Faouët. Geoffroy, seigneur du lieu, est mentionné dans un acte de 1273.

D'après la guerze (ballade), de l'épouse du Croisé : « elle était belle à voir, la cour du manoir du Faouët, pleine de gentilshommes, croix rouge sur l'épaule, chacun sur un grand cheval, bannière en tête, venant chercher le seigneur, pour aller à la guerre ». Cette guerre, note M. de la Villemarqué, dans le Barzaz Breiz, est la première croisade (1096-1099) dont le port de la croix rouge était le signe.

En même temps, le retour de la sécurité favorise le réveil religieux. Le premier monastère cistercien de Langonnet est fondé en 1136. La nef de l'église paroissiale de Langonnet, et celle de Priziac manifestent l'implantation de l'architecture romane dans la région.

Outre les moines, les chevaliers de St-Jean-de-Jérusalem (ordre hospitalier) s'étaient fixés à St-Jean-du-Faouët, peut-être même à St-Fiacre.

C'est à la fin du XIIIe siècle ou au début du suivant que les Boutteville devinrent par alliance seigneurs du Faouët. Ils possédaient les droits de justice et contrôlaient le commerce. Deux d'entre eux furent chambellans à la cour ducale. Ils donnèrent une impulsion à l'architecture civile et religieuse du pays. En 1495, peu de temps après l'achèvement de St-Fiacre, la châtellerie fut élevée au rang de baronnie.

Aux Boutteville succédèrent les Goulaine au milieu du XVIe siècle puis, un siècle plus tard, les Du Fresnay qui firent venir les Ursulines puis une congrégation masculine dont seul un mur de chapelle (près des halles) évoque le souvenir.

La seconde chance du Faouët lui vint de la Révolution française de 1789 et de la réorganisation administrative qui s'ensuivit. En 1790, peut-être à cause de son ralliement hâtif à la cause révolutionnaire, Le Faouët devint canton et même chef-lieu d'un district de dix-sept communes. Un directoire y résida. La garnison du Faouët repoussa, en janvier 1795, une attaque de Chouans conduits par Salomon.

Lors de la suppression des districts, Le Faouët demeura chef-lieu de canton dans l'arrondissement de Pontivy. Après le Concordat de 1801, la paroisse fut rattachée à l'évêché de Vannes et devint doyenné. La vie économique reprit son cours. L'agriculture demeura fidèle à la tradition : polyculture et élevage. Un comice agricole fut ouvert au Faouët en 1843. Les anciens moulins à papier cédèrent la place aux carrières de moëllons et de pierres de taille.

Les routes ont facilité l'accès au Faouët. Le centre commercial est toujours actif et la région prend rendez-vous autour des halles tous les deux mercredis. L'exode rural a cependant affecté ce pays : baisse de 18 % de la population de 1911 à 1972.

La richesse monumentale et l'agrément du paysage sont aussi un atout sérieux dans l'activité du pays.

Saint-Fiacre : Saint-Sébastien. Le retable de Saint-Sébastien en pierre peinte, date du milieu du XVe siècle. La sculpture en est sobre. Les mains liées à un poteau, le martyr est livré à la fureur de deux archers en jaquettes de l'époque.

Un palais du commerce...

Celui qui arrive au centre de la ville du Faouët, si la place n'est pas encombrée d'engins automobiles, est saisi par la majesté des halles. Longues de cinquante trois mètres, larges de dix-neuf, couvertes d'un vaste toit qui s'appuie sur de courtes mais robustes colonnes de granit alignées sur un muret, s'ouvrant aux deux extrémités axiales par d'imposants portiques, ces halles apparaissent comme une sorte de temple ou de palais du commerce.

L'impression se renforce en pénétrant à l'intérieur. Trois nefs, quinze travées délimitées par une forêt de piliers qui soutiennent, solidement et harmonieusement ajustés, les divers éléments de la charpente.

On peut se demander ce qui fonda la construction d'un tel monument à la fin du XVᵉ siècle ou au début du XVIᵉ siècle. Intervint certes, pour une part, la volonté des Boutteville d'exprimer par des monuments la personnalité de leur fief. Guéméné, au pays des Rohan, possédait des halles...

Il faut évoquer aussi l'activité commerciale. Outre les petits marchés hebdomadaires, neuf foires se tenaient par an au Faouët au milieu du XVIᵉ siècle. Ce chiffre s'éleva à quatorze au XVIIᵉ siècle. Bétail, volailles, légumes, tissus, mercerie, outils, tout cela voisinait sur la terre battue des halles. De cette richesse relative, témoignent les lucarnes de pierre taillée dont on peut voir encore de beaux exemplaires autour des halles. Ajoutons que l'abondance des matériaux dans la région (granit, schistes, ardoises, chênes, sapins) et le faible coût de la main-d'œuvre facilitèrent grandement les choses.

De l'église paroissiale, il ne reste, depuis l'incendie de 1917, que les murs et la tour-porche sur laquelle s'appuie un ossuaire dont la plupart des baies sont murées. La forme originale du clocher inspirait l'abbé Moren en 1927 : « le clocher du Faouët échappe à toute classification architecturale. Il serait exagéré de dire qu'il est beau. Mais on peut affirmer qu'il est unique en son genre. Aussi le visite-t-on comme une curiosité. »

Une partie des bâtiments du couvent des Ursulines, fondé par Sébastien du Fresnay en 1658, se dresse encore au-dessus du cloître. A l'angle de la place Bellanger, la façade de la chapelle avec ses pilastres, ses lignes horizontales, un entablement à la grecque... est un parfait exemple du style de l'époque.

La chapelle Saint-Fiacre

Les sires de Guéméné, de la famille des Rohan, avaient construit l'église de Kernascléden, qui semble avoir été achevée en 1460. Les Boutteville (Jean IV,

Halles (intérieur). Trois nefs en longueur, quinze travées en largeur, une forêt de piliers sur lesquels s'appuient les fermes de la charpente, toute cette architecture compose un ensemble à la fois harmonieux et imposant.

puis Jean V et Louis) engagèrent et financèrent les travaux de la chapelle St-Fiacre. Commencés vers 1450, ils s'étalèrent sur trois ou quatre décennies. Digne héritière d'une Eglise qui aime rassembler dans un même culte certains saints aux positions parfois divergentes comme Pierre et Paul, Corneille et Cyprien..., la piété populaire a voulu effacer par une aimable légende les traces de compétition entre les Boutteville et les Rohan et a raconté que les anges transportaient d'une chapelle à l'autre les outils des ouvriers qui se reposaient pour permettre à leurs compagnons de travailler pendant ce temps.

Pourquoi Saint Fiacre ?

Le culte des Saints, en Bretagne, (et pas seulement en Bretagne !) est lié presque toujours à la demande d'une protection contre une maladie ou un fléau naturel, ou d'une bénédiction du travail humain.

Saint Fiacre, ermite venu d'Irlande, et qui vivait dans la région des Meaux, est connu comme le patron des jardiniers. On l'invoque parfois contre toutes sortes d'abcès. On le prie le lundi de Pâques, aux Rogations et lors du pardon, le dernier dimanche d'août. Une personne du village disait : « On le prie pour les récoltes, pour avoir toutes sortes de bonnes choses. C'est pour ça qu'on fait les Rogations ici. »

Dans cette région, les patrons des chapelles les plus connues ne sont pas des saints « bretons ». Est-ce dû, entre autres, au fait que les seigneurs locaux, originaires d'autres provinces, favorisè-

rent le culte des saints de leur région ou du calendrier catholiques ? La recension des saints bretons établie par Albert le Grand ne fut d'ailleurs publiée à Nantes qu'en 1636.

Le choix du site de la chapelle est peut-être lié à l'existence d'une chapelle antérieure et d'un hôpital comme semble l'indiquer une pierre insérée dans le mur d'une maison voisine : « L'AN MIL CCCC XXXVI FUT FAIT CET OSPITAL PAR C (BOUTE)VILE). Le lien pèlerinage-hôpital se vérifiait aussi à Kernascléden. N'est-ce pas le cas de Lourdes aujourd'hui ?

La découverte, en 1979, de grands bassins aux environs de Saint-Fiacre indique peut-être que, bien avant la construction de la chapelle actuelle, des malades de la peau – et, en particulier, des lépreux – venaient y chercher un remède à leurs souffrances.

Dissymétrie et harmonie

Comme sa sœur (légèrement) aînée de Kernascléden, la façade de Saint-Fiacre est un « modèle » du genre, au sens propre du terme.

Le clocher-mur existe dans bien des régions de France, mais en Bretagne, il a pris la forme de ce qu'on est convenu d'appeler les clochers à jour. Saint-Fiacre et Kernascléden en sont les prototypes.

La construction est frappée d'une certaine fantaisie dissymétrique. Elle affecte le mur de façade, appuyé de contreforts d'angle et de face et percé d'une porte en arc brisé. Les deux balustrades qui surmontent le mur sont situées à des niveaux différents. Les deux tours octogonales, surmontées de flèches, sont lé-

Saint-Fiacre : culot face est. Les culots de la face est du jubé présentent soit des personnages humains, soit des animaux. L'artiste, on le voit, s'est livré avec humour aux fantaisies de son ciseau et de son imagination.

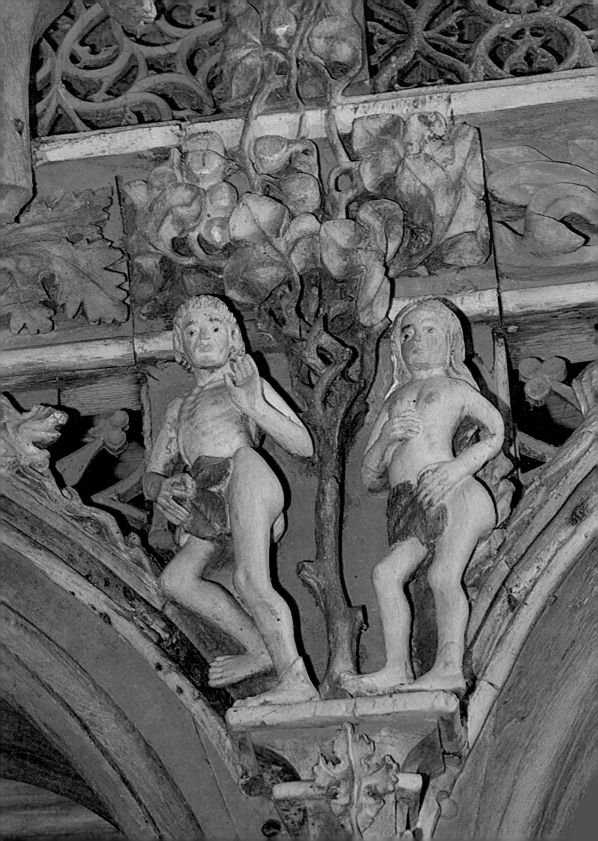

gèrement en retrait l'une par rapport à l'autre. La flèche centrale est décalée par rapport au faîte du mur.

Cette dissymétrie ne nuit nullement à l'unité de l'ensemble, à l'image de ces compositions musicales dont les dissonances enrichissent l'harmonie.

Le clocher repose sur une plateforme en surplomb à plan barlong entourée d'une galerie flamboyante. Des colonnettes entourent la chambre des cloches. Elles sont surmontées de gâbles aveugles et de pinacles entre lesquels s'élève la flèche centrale aux arêtes ornées de crochets.

Comme souvent en Bretagne, l'entrée principale de l'église est située au sud. On y accède par un porche coiffé d'une voûte d'ogive. Murs intérieurs ornés de niches vides, portes géminées, séparées par un trumeau orné d'un bénitier, surmonté d'une niche vide et rejoignant la pointe de l'arc qui encadre l'ensemble, on retrouve fréquemment cette disposition dans les porches de Bretagne.

Le plan de la chapelle est en croix latine. La nef principale est doublée d'un collatéral au nord, ce qui explique la dissymétrie de la façade.

L'ensemble est couvert de lambris appuyés sur des murs soutenus par des arcs dont les moulures s'achèvent en fines nervures dans les piles rondes de la nef ou se prolongent dans des colonnettes jusqu'à la base des piliers de l'entrée du chœur. A la croisée du transept, la clef de voûte et les arcs des lambris sont ornés d'anges et de personnages divers.

Un peuple aux mains habiles

Impossible ici de disserter longuement sur toute la décoration intérieure de la chapelle : autels, bénitiers, niches-crédences, chaire et tribune du XVIIe.

Signalons quelques sculptures. A droite du Jubé, la statue d'un duc de Bretagne (Jean V Le Sage, peut-être), coiffé du cercle ducal, en robe recouverte d'une houppelande semée d'hermines (chêne polychrome du XVe siècle). A gauche, le retable de saint Sébastien (pierre peinte du XVIe siècle). Le saint martyr, torse nu, mains liées à un poteau, est vêtu d'un haut de chausses et livré à la fureur de deux archers en jaquette d'époque.

Dans le bras nord du transept, le groupe de sainte Apolline (pierre peinte du XVe-XVIe siècle). Mains liées, revêtue d'une robe, la sainte est serrée de près et menacée par les tenailles de deux bourreaux à faces bestiales.

A tout seigneur, tout honneur. Arrêtons-nous à la statue de saint Fiacre exposée sur la paroi intérieure du chœur. Elle repose dans une niche de bois peint du XVIe siècle. Deux colonnettes soutiennent un dais. L'ensemble est finement ciselé de feuillages, de rinceaux, de petites fenêtres gothiques et, tout en haut, de personnages divers. Contrastant avec ces fioritures, saint Fiacre apparaît comme un moine grave, dans une bure austère, tenant d'une main le livre de la prière et de l'autre la pelle du jardinier.

Ces statues et les autres qui ornent la chapelle, mais aussi toutes celles que

Saint-Fiacre : Adam et Eve. L'artiste, autour du Christ crucifié, a illustré le mystère de la Rédemption. A droite, l'ange à l'épée de feu chasse Adam et Eve du paradis terrestre. A gauche, l'ange annonciateur apporte à Marie la bonne nouvelle du salut.

certaines rancœurs dites révolutionnai-res, certaines frigidités modernistes, et, plus récemment, l'appât du gain suscité par la mode frénétique de l'antiquité ont arrachées aux lieux qui en étaient le support à la fois naturel et sacré — (et Dieu sait combien les chapelles du Faouët ont été victimes de cette mise à sac) —, ces statues témoignent de l'imagination, de l'inspiration pieuse et du savoir-faire d'un peuple d'ouvriers aux mains habiles à donner vie au bois et à la pierre.

Une merveille

Nous voici en face d'un chef-d'œuvre : le jubé réalisé par un de ces sculpteurs, un maître, pour employer le langage de jadis. La signature apparaît aux mains d'un ange, au sommet de l'arc situé à gauche de la porte centrale : « L'AN MIL IIIICC IIIIXX (1480) FUT FAIT CET EUP-VRE P (ar) OLIVI (er) LE LOERGA (N) OUPVRIER ». Ce jubé a été restauré et repeint à diverses époques.

La fonction du jubé était double. Ce qui explique sa structure. A l'étage inférieur : la clôture du chœur. A l'étage supérieur : la tribune où se faisait la lecture de l'épître et de l'évangile. Avant celle-ci le lecteur demandait la bénédiction par la formule latine : « Jube domne benedicere ». (« Daigne, Seigneur, me bénir »). De là vient le nom de « jubé » attaché à cette pièce monumentale. En lien avec cette proclamation de la parole de Dieu, chaque jubé est orné d'une croix. Cette crucifixion et la vie qui l'entoure n'annoncent-elles pas les futurs calvaires des enclos paroissiaux ?

La clôture est une sorte de grille flamboyante en bois (actuellement non peint), percée d'une ouverture centrale et d'une petite porte. Les montants sont décorés de fleurs et de personnages sous dais.

Sur la face ouest de la sablière qui surmonte la clôture on aperçoit à gauche des scènes de la vie de saint Martin et de saint Grégoire, à droite, des scènes du Roman de Renart, scènes allégoriques : Renart, travesti en moine, prêche la basse cour... avant d'être castré et dévoré par ses victimes.

A ce propos rappelons deux faits. L'un est d'ordre matériel : les sablières, en Bretagne, ont été un terrain d'élection pour les sculpteurs qui s'en sont donné à cœur joie. L'autre est d'ordre spirituel : nous constatons ici, comme sur de nombreux tympans ou chapiteaux, la liberté d'expression des artistes, issus du peuple chrétien, qui prêchaient à leur manière ceux qui avaient fonction de les prêcher...

Quand l'image était reine

La sablière constitue l'appui de dix petites voûtes ogivales lambrissées qui soutiennent la tribune en encorbellement sur la clôture.

Saint-Fiacre : Ange sous Adam et Eve. On aperçoit Adam et Eve logés par le sculpteur dans un écoinçon. Les culots sont également imagés. Ceux de la face ouest du jubé présentent des anges redressés dans un mouvement vigoureux des ailes et des reins.

(Photo des pages suivantes)

Saint-Fiacre : Crucifixion. Le jubé étant le lieu de proclamation de la parole évangélique, le Christ en croix y tient la place principale. Il apparaît ici entre les deux larrons. A ses pieds, se tiennent la Vierge Marie et saint Jean l'Evangéliste.

La face ouest de cette tribune est dominée par la crucifixion : Jésus-Christ, les deux larrons, et, appuyés aux écoinçons (sorte de triangles inversés entre les deux arcs tangents), la Vierge et saint Jean. Sur les autres écoinçons, l'artiste a figuré deux épisodes du mystère de la rédemption : à droite, l'ange à l'épée de feu menaçant Adam et Eve, à gauche, l'ange annonciateur et Marie de Nazareth.

A la retombée des (fausses) voûtes, sur les culots, une série d'anges redressés en plein mouvement des ailes et des reins.

Le garde corps de la tribune est ajouré d'arcs et de dentelles flamboyantes. De part et d'autre du Christ, les lettres J.H.S. (Jésus, hominum, salvator, sauveur des hommes), des fleurs de lys (hommage peut-être à Anne de Bretagne, reine de France en 1492), des hermines et des cordelières. La main courante est semée d'anges, de feuillages, d'animaux, de personnages. Deux d'entre eux se tiennent près d'une maison.

L'autre face, plus simple, est aussi remarquable. La main courante est ornée d'animaux. Les panneaux du garde-corps sont finement ciselés. Les écoinçons, les culots, la sablière... présentent des personnages dont plusieurs illustrent, dit-on, les péchés capitaux : la main qui accapare, la gourmandise vomissante, la luxure (... un couple bien chaste !), la paresse (sous la forme d'un joueur de biniou !)...

« En ce temps-là, explique la gardienne, les gens ne savaient pas lire. Il fallait bien leur montrer des images ».

A chacun de poursuivre sa découverte, d'inventer son interprétation, de poursuivre, au-delà les siècles, le dialogue vivant avec l'esprit créateur de l'artiste.

Une autre féerie

Par le vitrail aussi se faisait l'enseignement du peuple chrétien. Certains vitraux ont le même âge que la chapelle. D'autres datent du milieu du XVIe siècle. Tous témoignent (avec tant d'autres) de l'activité importante des ateliers du vitrail en Bretagne. Le vitrail de la vie de saint Fiacre porte une signature : « P. ANDROUET, OUVRIER DEMEURANT A KEMPARALÉ (Quimperlé) 1552 ».

Il nous reste d'admirer dans la nef latérale le vitrail de la parenté de Jésus, dans le bras nord du transept, la vie de saint Jean-Baptiste, dans la fenêtre du chœur (comme très souvent) le vitrail de la Passion, dans le bras sud du transept, l'arbre de Jessé (fenêtre est) et la vie de saint Fiacre (fenêtre sud).

L'avantage des chapelles bretonnes sur les hautes cathédrales c'est, comme dit V.-H. Debidour, que « les verrières sont toujours à portée d'œil ».. et donc faciles à déchiffrer.

Dans le vitrail de saint Fiacre, nous reconnaissons des signes de la sainteté biblique : origine royale... abandonnée pour l'amour de Dieu, séparation du monde, nourriture partagée avec les pauvres, guérison des aveugles, lutte contre l'esprit malin.. Un langage qui passe les siècles.

Fait significatif : dans la partie supérieure des verrières apparaissent les ar-

Saint-Fiacre : vitrail. Le vitrail de la Passion est une preuve, parmi d'autres (à Saint-Fiacre ou à Sainte-Barbe) de la vitalité des ateliers de la verrerie en Bretagne à cette époque. Le vitrail de la vie de saint Fiacre (fenêtre sud) porte la signature de P. Androuet, ouvrier à Kemparale (Quimperlé).

mes des Boutteville (d'argent à cinq fusées et de gueules en fasce), en alliance parfois avec celle des Chastel (fascé d'or et de gueules de six pièces, vitrail de saint Fiacre), des Coëtquenan (d'azur au château d'or - id), des Quimerch (d'hermines au croissant de gueules - vitrail de la Sainte Famille). Ceci traduit le rôle joué par ces familles dans la construction de la chapelle.

La chapelle Sainte-Barbe

La chapelle Sainte-Barbe est née de la décision de sire Jehan de Toulbodou qui déclarait « AVOIR LA SINGULIÈRE DÉVOCION DE FAIRE ET ÉDIFFIER UNE CHAPELLE EN LONNEUR DE DIEU ET DE MADAME SAINTE BARBE EN UN LIEU SITS EN LA MONTAGNE NOMÉE ROCHANMAR (C'HBRAN) EN LA PARROESSE DU FAUOET ». On raconte que Jehan de Toulbodou aurait ainsi accompli un vœu formulé à l'occasion d'un violent orage qui l'avait surpris à cet endroit même un jour de chasse.

Rien d'étonnant. Originaire d'Asie mineure, sainte Barbe aurait été, selon la légende, martyrisée à cause de sa foi chrétienne par son païen de père en l'an 235. Le forfait à peine commis, un coup de foudre exerça la vengeance céleste sur le méchant Dioscore.

Depuis lors, sainte Barbe a toujours été invoquée contre la foudre, le feu (elle est la patronne des pompiers) et toutes les menaces de mort subite, cette « male mort » tant redoutée jadis, qu'elle faisait l'objet d'une invocation spéciale dans les Grandes Litanies. Les tableaux du XIXe siècle accrochés aux murs de la chapelle illustrent cette dévotion.

Ajoutons que nous connaissons la date d'origine de la construction, 6 juillet 1489 (sur une console du bras sud) et celle de la fin des travaux : voûte achevée en 1512 (phylactère tenu par un ange sur une clef de voûte aux armes des Boutteville).

Une construction audacieuse

Le site de la chapelle explique son adaptation à la plateforme étroite sur laquelle elle est édifiée. Le plan est original. Tout se passe comme si cette chapelle était constituée d'un transept sans nef et d'un chœur dont l'abside est formée de trois pans. La chapelle est couverte d'une voûte d'ogives. A cette époque, les voûtes de pierre, comme celle-ci ou celle de Kernascléden, sont exceptionnelles. Elles manifestent que les fondateurs disposaient des finances nécessaires. Les arcs se fondent par de fines nervures dans les piles rondes, signe d'un art gothique évolué. A l'extérieur, la poussée des voûtes est contrebutée par des contreforts à gargouilles surmontés de pinacles. La décoration des portails est soignée. Nous retrouvons une forme traditionnelle : deux portes jumelles sé

Portail : Sainte-Barbe. Les portails de la chapelle Sainte-Barbe donnent accès à l'intérieur par deux baies jumelées, séparées par un trumeau et surmontées d'un tympan ajouré. L'un de ces tympans présente des remplages en forme de fleur de lys.

parées par un trumeau, encadrement formé d'une série de voussures et d'un archivolte à crochets retombant sur des pilastres. Trait original : les tympans sont ajourés. Les remplages sont de style flamboyant. Dans l'une des portes, ces remplages dessinent des fleurs de lys.

A l'un des angles nord, la chapelle est flanquée d'une tour qui donne accès à une tribune intérieure. L'architecte a vraisemblablement voulu évoquer la tour dans laquelle sainte Barbe avait été incarcérée par son père, jaloux de sa beauté. Cette tour est percée de trois fenêtres dans sa partie haute. La légende dit que sainte Barbe avait exigé l'ouverture d'une troisième fenêtre dans les murs de sa tour-prison. Manière d'affirmer à sa manière sa foi aux trois personnes divines. On sait que la tour est l'attribut iconographique de sainte Barbe.

L'intervention seigneuriale

La décoration intérieure manifeste avec évidence l'intervention seigneuriale dans l'édification de cette chapelle. Les seigneurs sont ici à la fois les inspirateurs et les mécènes. Ceci vaut également pour Saint-Fiacre, Kernascléden, Saint-Nicolas de Priziac et divers autres édifices de la région. Il est intéressant de signaler et de comparer cette situation avec celle des grands enclos paroissiaux du Léon où l'initiative et le financement ont été le fait des riches « fabriques » paroissiales (on peut consulter à ce sujet, dans la même collection, le guide concernant Guimiliau).

A Sainte-Barbe, cette dominante seigneuriale apparaît dans les armoiries des vitraux : armes des Toulbodou (d'or semé de feuilles de houx de sinople) dans le vitrail de la Transfiguration. Aux clefs de voûte et dans les nervures des arcs (ogives ou doubleaux), des anges présentent des écus armoriés.

La chapelle possède une tribune seigneuriale. A l'angle, on reconnaît sainte Barbe. Sur les panneaux du centre, deux anges musiciens jouent l'un de la viole, l'autre de la harpe. Les motifs des culots sont des anges porteurs d'écus, entre autres, aux armes des Boutteville.

Plusieurs statues avaient été disposées le long des murs. Cinq d'entre elles, datant du XVIe siècle au XVIIIe siècle, ont été volées par des pillards au printemps de 1979 (saint Augustin, la Vierge Marie, saint Cornély, saint Jean au Calvaire, saint Jean à l'Aigle).

Quatre vitraux datent du XVIe siècle : le vitrail de la mort de sainte Barbe (fenêtre est du bras nord), le vitrail de la vie de sainte Barbe (fenêtre nord du chœur), le vitrail de la Transfiguration (fenêtre sud du chœur) et l'étonnant vitrail de l'Ascension et de la Pentecôte (fenêtre sud du bras sud). Sur certains de ces vitraux apparaissent les donateurs en costume d'époque.

De somptueux alentours

Toute une parure monumentale environne Sainte-Barbe. Sur une dent rocheuse se dresse la chapelle Saint-Michel, visitée elle aussi par les pillards !

Escaliers Sainte-Barbe. Construits au début du XVIIIe siècle sous la direction de Mathurin Lemeur, les escaliers facilitent l'accès à la chapelle Sainte-Barbe et sont bordés de balustrades de granit.

(Photo Jean-Paul Benoit)

On y accède par un pont appuyé sur un arc plein cintre. Il est relié aux escaliers. Construits sans doute pour faciliter l'accès à la chapelle les jours de pardon, ils sont devenus, par l'ambition des commanditaires et la technique de Mathurin Le Meur (1700), un ensemble majestueux dont les volées s'embellissent de balustrades granitiques.

Sur la terrasse supérieure, face à la maison des gardiens, quatre piles soutiennent une charpente couverte d'ardoises. On mettait en branle jadis la cloche qui y était suspendue pour écarter la foudre. Aujourd'hui ce n'est guère qu'un jeu sonore.

Autour de la chapelle, sur le plateau ou dans la vallée de l'Ellé (où une fontaine dédiée à sainte Barbe a été aménagée en 1708), de nombreux sentiers invitent à la promenade, à la détente, au silence, au rêve.

Saint-Jean et Saint-Sébastien

Si vous avez la patience de la découverte, le pays du Faouët vous réserve d'autres émotions.

A l'ouest du bourg du Faouët à Lambelegine, une petite chapelle, datant sans doute du XVIe siècle, est dédiée à saint Adrien.

Sur la route de Le Saint, au hameau du Diarnelez, subsiste une galerie à arcades (arcs brisés), témoin des beaux jours de l'ancien manoir.

Près de la route de Gourin, dans un village en partie dépeuplé, une chapelle (on appelle parfois ces chapelles « chapelles de quartier ») est dédiée à saint Jean. Elle aurait succédé à un édifice fondé par les hospitaliers de Saint-Jean de Jérusalem.Cernée par une fûtaie de frênes majestueux, elle est là, cette chapelle, comme un acte d'humilité, en même temps qu'elle adhère fermement au sol et semble défier les siècles par la solidité de ses modestes murs de pierres taillées. A l'intérieur ,une curiosité : les doubles arcades qui y donnent accès au transept et une émouvante Pietà en granit, du XVIe siècle.

Sur la route de Gourin, une chapelle (dévastée elle aussi par les pillards) est dédiée à saint Sébastien. Elle se situe non loin du hameau de Barrégan, proche des ruines du château qui dominait la vallée de l'Ellé.

Saint-Sébastien date de 1598, l'année de la peste qui dévasta la région de Pontivy à Quimperlé.

L'abside à trois pans montre l'influence des ateliers Beaumanoir, exercée jusqu'ici depuis Plougonven, leur pays d'origine. A l'intérieur,la poutre de gloire porte

Photo du haut :
Chapelle Saint-Jean. Voici une invitation à ne pas s'en tenir aux « célébrités », mais à découvrir, en parcourant les beaux paysages des environs du Faouët, ces discrètes chapelles que sont Saint-Jean, Saint-Sébastien, Saint-Urlo et autres petites merveilles.

Photo du bas :
Saint-Fiacre : Portail. Le jubé avait une double fonction. La partie supérieure était une tribune d'où les lecteurs proclamaient les textes bibliques. La partie inférieure servait de clôture entre le chœur et la nef. (Photo Jean-Paul Benoit)

une crucifixion (bois peint du XVIe-XVIIe siècle). Elle ne répond certes pas aux règles des écoles mais elle révèle l'intensité spirituelle de l'artiste et présente la mort de Jésus-Christ comme un mystère de sérénité et de repos éternel.

Les sablières, enfin, sont riches d'inspiration. L'artiste y a représenté en particulier une théorie de danseurs entraînés par le diable au son du biniou, dont l'inspiration pourrait bien s'apparenter à de célèbres danses des morts.

Saint-Urlo et Saint-Nicolas

Dans les environs immédiats du Faouët deux édifices (entre autres) méritent une visite attentive.

Sur le territoire de Lanvenegen, la chapelle Saint-Urlo, qui date du XVIe siècle et présente divers traits de parenté avec la très bretonne église paroissiale dédiée à saint Conogan. A Saint-Urlo nous rencontrons une fois encore l'harmonie parfaite entre la construction et le paysage : l'humilité, l'accord avec la terre, l'humus, d'où s'élève ,plante vivante parmi d'autres, cette simple chapelle. Non loin, le bassin carré de la fontaine. Fréquentées depuis toujours pour les propriétés curatives de l'eau, les fontaines ont été « christianisées ». Saint Urlo était invoqué pour guérir de la goutte et des rhumatismes.

Nous avons évoqué plus haut la superbe église paroissiale (style roman du XIIe siècle) de Priziac, dédiée à saint Bého.

Non loin, est construite la chapelle Saint-Nicolas. Cent ans après le chef-d'œuvre de Le Loërgan à Saint-Fiacre, les Le Scanff, seigneurs du Dréors, firent édifier le jubé de Saint-Nicolas, autre chef-d'œuvre.

Nous retrouvons la structure traditionnelle : la clôture dont les pilastres sont sculptés d'atlantes et de cariatides, et la tribune au milieu de laquelle se dresse un Christ en croix, abrité sous un immense dais. L'escalier d'accès à la tribune a été conservé. Les panneaux sculptés du garde-corps, côté nef, racontent l'histoire de saint Nicolas. Côté chœur, ils présentent les douze apôtres plus, sans doute, saint Paul.

Parmi les sculptures, détachons, sur la paroi intérieure du chœur, une niche où se dressait une Vierge couronnée tenant l'Enfant sur son bras gauche et reposant sur Jessé du sein duquel jaillissent deux branches de personnages royaux. La Vierge à l'Enfant a été volée en novembre 1974.

Dans le bras sud du transept, une Pietà en granite (XVIe siècle) forme un ensemble carré. Les lignes verticales des quatre personnages sont recoupés par la courbe du corps du Christ reposant curieusement sur le genou de la Vierge et retenu par les mains de ses compagnons désormais solidaires de sa mort. Dans cette chapelle existe aussi une roue à carillon (comme à Comfort, Finistère) que l'on faisait tourner pour obtenir diverses guérisons.

Saint-Nicolas de Priziac. Le jubé de Saint-Nicolas de Priziac est, lui aussi, une merveille. La face ouest de la tribune est composée de panneaux illustrant la vie de saint Nicolas. Le sculpteur ne pouvait éviter de représenter la résurrection des trois enfants enfermés dans un saloir par un cruel boucher.

Marion du Faouët

Impossible de ne pas l'évoquer ici. Le personnage est attachant et Jean Rieux, au long d'une étude érudite, lui marque beaucoup de tendresse.

C'est d'abord un personnage type. On en a fait une aïeule du combat féministe, une martyre de la société, une Jeanne d'Arc vengeresse des pauvres du pays... ou un bandit de grands chemins. Il y a de tout cela dans Marion du Faouët.

Elle rejoint certes une réalité de son temps : les bandes formées de gens qui ne pouvaient pas accepter leur misère mais ne voulaient pas non plus s'intégrer à l'ordre social. Elles parcouraient les régions, s'emparant de la richesse là où elle se trouvait : chez les riches !

Alors que beaucoup de ces bandes étaient « immigrées », la bande à Marion était « indigène » ou au moins régionale. Marie-Louise Tromel « nasquit le sixième may 1717 à Porz en Haie et fut baptisée le septième des mêmes mois et an », certifie le curé : Tomas Segain. Née au Faouët, Marion y revint sans cesse, même interdite de séjour. Il fallut, le 6 octobre 1753, que le tribunal de Quimper la condamne « à être pendue et étranglée jusqu'à ce que mort s'ensuive » pour qu'elle quitte la région, mais non la province. Arrêtée un an plus tard à Nantes, elle fut exécutée à Quimper en août 1755. Elle avait trente-huit ans.

Autre originalité : l'organisation et la méthode mises au point par Marion. La foire était le lieu et le temps privilégiés.

On y observait les marchands dont la poche se remplissait d'écus. Noyée dans la foule, la bande se transmettait les informations. On décidait des interventions et les opérations les plus fructueuses se faisaient au retour de la foire.

Les groupes constitués par Marion avaient consigne de faire peur, de frotter au besoin les plus récalcitrants, mais d'éviter de verser le sang et surtout de tuer. Tous les quinze jours, le butin était partagé sous la haute direction de Marion et, tant qu'il vécut, de son ami Henri Pezron, plus connu sous le nom de Hanvigen.

C'était une sorte de jeu. Tout s'y prêtait : l'habitude du larcin contractée dès l'enfance dans les familles pauvres, le plaisir de vivre en bande, la satisfaction de venger les miséreux en détroussant les riches, le goût de l'aventure, de l'attaque, du risque, de la fuite même, et la configuration du relief qui se faisait complice de ces audaces.

En fait de complicité, Marion sut en utiliser d'autres que celles du relief. Il y eut d'abord la complicité sympathique des pauvres gens. Qui ne se souvient des descriptions effarantes de la misère paysanne peinte par La Bruyère dans la France du XVIIIᵉ siècle ? Même au XIXᵉ siècle, Hyppolite Violeau écrit encore tout crûment dans ses « pèlerinages de Bretagne » (1855) : « On ne prononcera jamais devant moi le nom du Faouët sans me rappeler une nuée de mendiants... infirmes et paralytiques de toute

Saint-Nicolas de Priziac. Autre épisode significatif de la vie des saints depuis les actes des apôtres : l'exercice de la justice vengeresse. Ainsi le débiteur malhonnête subit-il ici un châtiment exemplaire.

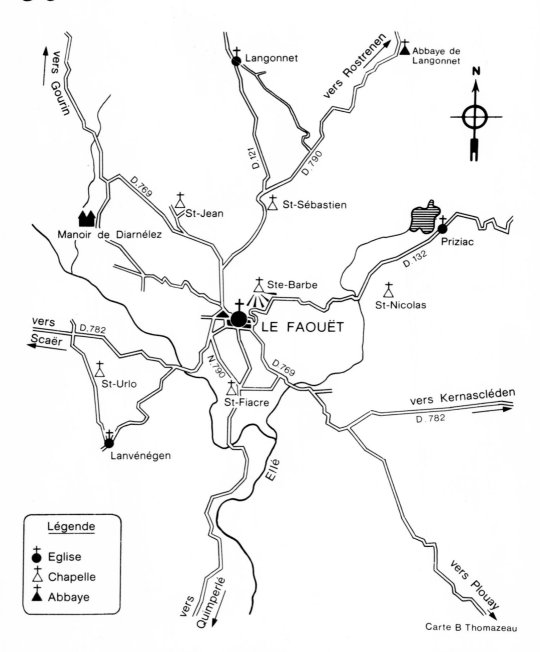

vers Gourin

† Langonnet

vers Rostrenen

▲ Abbaye de Langonnet

N

D.121

D.790

D.769

† St-Jean

△ St-Sébastien

Manoir de Diarnélez

Priziac

D.132

△ Ste-Barbe

† St-Nicolas

LE FAOUËT

vers Scaër

D.782

N.790

D.769

† St-Urlo

△ St-Fiacre

vers Kernascléden

D.782

† Lanvénégen

Ellé

vers Quimperlé

vers Plouay

Carte B Thomazeau

Légende

† Eglise

△ Chapelle

▲ Abbaye

On interprète courammment certains personnages de la face Est du **jubé de saint Fiacre** comme des allégories de divers péchés. Ce personnage qui semble dérober des fruits pourrait représenter le vol. On retrouve encore ici le souci d'enseignement moral par l'image.

sorte. » Pour ce peuple de la misère, l'action conduite par Marion était une sorte de revanche. On comprend qu'ils ne révèlèrent rien de ses agissements aux agents de la justice officielle exercée au nom des plus riches.

Il y eut aussi la complicité craintive obtenue de la part de l'autre « classe » par le moyen des « intersignes », sorte d'assurance par laquelle tel notaire, marchand ou paysan riche était mis à l'abri des interventions de la compagnie « Fi-nefont » (terme qui désignait la bande de Marion) à condition qu'ils gardent le silence sur ses pratiques et ses déplacements. Il fallut les excès désespérés de la fin du régime de Marion, excès commis en son absence, pour que les langues se délient.

Quoiqu'il en soit, le nom de Marion semble désormais et pour longtemps associé à celui du Faouët, comme dit le rituel anglican « pour le meilleur et pour le pire ».

(En couverture)
Jubé de Saint-Fiacre. Œuvre d'Olivier Le Loergan, le jubé de Saint-Fiacre porte la date de 1480. C'est un témoignage émouvant de la qualité technique et de la puissance d'invention des sculpteurs religieux bretons.

(En dernière page de couverture)
Sainte-Barbe. Construite dans les mêmes années que Saint-Fiacre, la chapelle Sainte-Barbe est le fruit d'un vœu formulé par le sire Jehan de Toulbodou surpris par un orage au cours d'une chasse dans la vallée de l'Ellé. Comme la chapelle de Kernascléden, elle est — chose rare — couverte d'une voûte gothique en pierre.

© 1980 - OUEST-FRANCE – I.S.B.N. 2.85882.240.9 – Dépôt légal : janvier 1980 – 518.01.10.01.80
Imprimerie Raynard, La Guerche-de-Bretagne – Photogravure couleurs Oberthur, Rennes.